AF339395

LA LOI

DE JUSTICE ET D'AMOUR

JUGÉE PAR SES PÈRES.

IMPRIMERIE DE G. J. TROUVÉ,
RUE NOTRE-DAME-DES-VICTOIRES, N° 16.

LA LOI

DE JUSTICE ET D'AMOUR

JUGÉE PAR SES PÈRES.

« Monsieur Peyronnet me permettra de lui dire
» que dans cette matière son opinion ne doit pas
» être décisive. »

Le vicomte DE CASTELBAJAC, *discussion de la
Loi sur la Presse* (Moniteur du 9 juillet 1821).

BIBLIOTHEQUE ROYALE

A PARIS,

CHEZ C. J. TROUVÉ, IMPRIMEUR-LIBRAIRE,

RUE NOTRE-DAME-DES-VICTOIRES, Nº 16.

1827.

AVERTISSEMENT.

J'ai commencé mon éducation législative vers la fin de 1815. Quelques députés qui, pendant nos orages politiques, s'étaient bornés à observer du fond de leurs provinces la marche des événemens et des partis, consentirent à s'en charger. Mon salon leur fut ouvert une fois par semaine. Non loin de ma modeste demeure, s'élevait l'hôtel du ministre sur qui reposaient alors les destinées de la France. Par le plus bizarre contraste, nos réunions avaient lieu le même jour ; et, tandis que de somptuéux équipages portaient la foule empressée des courtisans vers le séjour du dispensateur des grâces et de la fortune, trois ou quatre *chars numérotés* déposaient furtivement à ma porte mes honorables amis. Temps heureux où ces nobles citoyens, dédaigneux du pouvoir et des richesses, se contentaient souvent de voiturer à frais communs une indépendance dont le budget avait jusqu'à ce jour respecté la virginité! La truffe représentative parfumait rarement ma table simple et frugale; mais si le spectacle du luxe et de l'opulence n'embellissait pas ces réunions de l'amitié, mes convives en étaient bien dédommagés par les charmes d'une conversation aussi solide qu'ingénieuse. Les questions les plus importantes de notre nouveau système de Gouvernement y étaient traitées avec cet abandon qui exclut tout sentiment d'amour-propre, et cette franchise qui ne permet aucune arrière-pensée.

Chaque soir je consignais dans mon album législatif les pensées dont j'avais été le plus vivement frappé. Chaque matin, je me présentais au Palais-Bourbon, muni d'un billet que la main avare des questeurs n'accordait pas toujours avec grâce à ma patriotique curiosité; et là, me coulant avec peine dans une étroite tribune, construite sans doute en haine de la publicité, j'oubliais ma torture, pour

écouter avec ravissement les généreux ac-
cens d'une opposition éclairée, dont la
noble éloquence défendait avec la même
chaleur les droits du trône et les droits de
la liberté. A mon retour, j'enrichissais encore mon album, en appelant de tous mes
vœux le jour où le dépôt des doctrines
consacrées par la Charte serait confié à des
hommes aussi dévoués au Prince qu'à nos
nouvelles institutions.

Le Ciel m'entendit sans doute. Deux de
mes amis obtinrent le portefeuille que,
dans l'intérêt de la France, je leur avais
tant souhaité. La monarchie et la Charte
étaient sauvées. Rassuré désormais sur
l'avenir de la France, j'entrepris un
voyage long-temps projeté, et qui m'éloi-
gna de l'Europe pendant plusieurs années.

Rentré à Paris par la route de Versailles,
ma voiture traversait rapidement le pont
Louis XVI. Une foule immense assiégeait
les avenues du Palais-Bourbon. Impatient
de revoir mes amis, je me précipite vers
la salle des conférences. Les huissiers me
reconnaissent. La tribune accoutumée

m'est ouverte. Qu'entends-je ! De nombreuses pétitions attestent les périls d'une de nos libertés les plus chères. Les spectateurs qui m'entourent ont peine à comprimer les élans de leur indignation : satires, épigrammes, bons mots circulent dans la tribune. Etranger aux événemens qui ont rempli l'intervalle de mon absence, j'entends murmurer à mes oreilles l'*Élégie à Zelmire*, les *Chants de Draconet*, mots vides de sens, dont je cherche vainement à percer la mystérieuse allégorie. J'entends appliquer le nom de loi d'amour et de justice à un projet que les mêmes voix me représentent en même temps comme un acte de colère et de spoliation. Tous mes amis sont dans l'enceinte législative. Sans doute l'un d'eux va s'élancer à la tribune ; sans doute ces droits si injustement menacés vont soulever dans leur cœur de généreuses protestations. Aucun ne se lève : une morne stupeur semblait les enchaîner à leurs chaises curules. Hors de moi, je regagne ma demeure. Je parcours mon album ; j'en extrais les argumens les plus décisifs en faveur de la liberté de la pensée. Muni de mes précieuses tablettes, je cours à l'hôtel du plus puissant de mes amis. Une foule brillante se pressait dans ses vastes galeries. Après d'incroyables efforts, je parviens jusqu'à lui. Un serrement de main obligé, un demi-salut sont à peine accordés au souvenir d'une intime liaison, et déjà de grands personnages m'ont séparé de Son Excellence. L'huissier annonce successivement mes anciens amis : des décorations brillantes resplendissaient sur leurs poitrines ; de nouveaux titres accompagnaient leurs noms. Dans la simplicité de mon âme, je les aborde comme au temps jadis, cherchant à entamer avec chacun d'eux la grande question du jour. L'un me répond par un méchant jeu de mots ; l'autre, armé d'une intrépide assurance, me démontre l'immobilité de ses principes, et accuse la fragilité de ma mémoire. Un conseiller d'Etat rit de ma niaise fidélité à des doctrines dont le temps a fait justice ; un directeur-général détourne la conversation avec humeur. Repoussé de toutes parts, ne pouvant parvenir à me faire entendre, je me retire avec le projet d'ajouter un nouveau chapitre à l'histoire des variations de l'esprit humain. Voici ce tableau tel que, dans ma première impression, je me suis hâté de l'ébaucher. Son seul mérite consiste dans l'autorité des noms et dans l'exactitude des citations.

DÉFENSE

DE LA LIBERTÉ DE LA PRESSE

CONTRE LES ATTAQUES

DE M. LE COMTE DE PEYRONNET,

PAR

MM. DE VILLÈLE, CORBIÈRE, DE BONALD, DE CASTELBAJAC, DE MARTIGNAC, BENOIST, BARTHE-LA-BASTIDE, RAVEZ, JOSSE-BEAUVOIR, ETC., ETC.

> « Lorsqu'il s'élève dans la société une question im-
> » portante, et qu'un principe nouveau s'y introduit,
> » on peut être assuré qu'il a une cause profonde et
> » naturelle, moins dans la disposition des esprits
> » que dans la situation générale des choses, et qu'il
> « est un besoin de la société plutôt qu'un système
> « de l'homme. »
>
> *Le vicomte* DE BONALD, *député, aujourd'hui
> pair de France : séance du 28 janvier 1817.*

Il faut prendre un Gouvernement tout entier, et, en profitant de ses avantages, se rési-
gner à ses inconvéniens (1).

---

(1) Le vicomte de Bonald, député de l'Aveyron, aujourd'hui pair de France : séance du 28 janvier 1817.

Puisque l'article 8 de la Charte a consacré la liberté de la presse, laissons tous les écrivains jouir de ses avantages (1).

C'est une de nos libertés les plus précieuses (2), sauve-garde naturelle de tous les droits, première garantie de tous les pouvoirs constitués ; c'est elle qui, éclairant la nation sur ses véritables intérêts, les agens de l'autorité sur leurs devoirs, le Roi lui-même sur l'abus qu'ils auraient osé faire de sa confiance, portera au pied du trône, sans en blesser la majesté et sans en affaiblir la puissance, les vœux des peuples, la connaissance de leurs besoins et leurs plaintes (3).

La liberté de la presse est l'âme d'un Gouvernement représentatif. La publicité à laquelle elle donne naissance en est la sauve-garde ; par elle, le Gouvernement est éclairé sur les vérita-

---

(1) M. Barthe-la-Bastide, député de l'Aude, aujourd'hui administrateur des postes : séance du 25 janv. 1817.

(2) Le marquis d'Herbouville, pair de France : *Conservateur*, t. 6, p. 600.

(3) M. Ravez, député de la Gironde, aujourd'hui président de la Chambre des Députés, premier président de la Cour royale de Bordeaux, conseiller d'Etat, chevalier des ordres du Roi, etc. : séance du 17 janvier 1817.

bles intérêts du pays; par elle, les Députés du département apprennent s'ils votent dans l'intérêt de leurs commettans. C'est par la liberté de la presse que se forme véritablement un esprit national, parce que chacun est au fait de ce qui l'intéresse, et que tous y prennent part. C'est par elle qu'on a l'avantage de contenir les méchans, dans quelque rang qu'ils puissent être placés; par elle, qu'on appelle de l'abus du pouvoir dans un magistrat, et qu'on fait parvenir aux pieds du Souverain la connaissance de cet abus. C'est par la liberté de la presse que s'établit ce tribunal d'opinion publique, si utile aux gouvernans, si rassurant pour le peuple; c'est par elle enfin que la liberté civile est garantie : car l'une ne peut pas exister sans l'autre (1).

Sous l'ancienne constitution de la France, où des restrictions étaient mises à la faculté d'imprimer, un sentiment inné, qui fit toujours desirer aux Français de communiquer librement leurs pensées, luttait avec tant de succès

----

(1) Le vicomte de Castelbajac, député de la Haute-Garonne, aujourd'hui directeur-général des douanes : séance du 25 janvier 1817.

contre les prohibitions, que la censure était à peu près tombée en désuétude (1).

On réclama hautement la liberté d'écrire et de publier ses pensées par la voie de l'impression; et la liberté illimitée de penser et d'écrire devint un axiome du droit public de l'Europe, un article fondamental de toutes les constitutions, un principe enfin de l'ordre social (2). L'indépendance de la presse n'est donc pour la France ni un besoin nouveau ni une possession nouvelle (3).

Aujourd'hui que le Gouvernement peut tout contre le citoyen, ne doit-il pas laisser au citoyen quelque abri contre un pouvoir si illimité (4)? Dans un pays où tous les citoyens prennent part d'une façon directe ou indirecte aux affaires publiques; dans un pays où règne la liberté, il est convenable et juste que les actes du Gouvernement, les événemens graves

---

(1) Le marquis d'Herbouville : *Conservateur*, tom. 6, p. 597.

(2) Le vicomte de Bonald : séance du 28 janvier 1817.

(3) Le marquis d'Herbouville : *Conservateur*, tom. 6, p. 597.

(4) Le vicomte de Bonald : séance du 28 janvier 1817.

et toutes les vérités utiles soient placées sous les yeux de tous (1).

Les gens habiles ne sont pas tous dans les conseils ; et ceux-ci, placés à une juste distance des objets, ni trop haut ni trop bas, peuvent savoir bien des choses qui échappent à l'attention ou à la préoccupation des hommes en autorité, et leur dire, par la voie des journaux, d'utiles vérités qu'ils ne voudraient pas enfouir dans les cartons d'un bureau, ni soumettre à la censure d'un commis.

Peut-être, au premier instant d'une explosion, les déclamations des journaux ne seraient pas sans quelque danger ; mais à la longue, et lorsqu'on a à lutter contre des causes secrètes de désordre, leur silence ne serait-il pas plus dangereux encore ? L'État, si l'on veut, peut être troublé par ce que peuvent dire les journaux ; mais il peut périr par ce qu'ils ne disent pas. Il existe un remède très-efficace contre leurs exagérations ou leurs impostures ; il n'y en a point contre leur silence.

L'Angleterre a vu le danger, et a voulu s'en

____

(1) Le vicomte de Martignac, député de Lot-et-Garonne, aujourd'hui ministre d'Etat, directeur-général des domaines : séance du 19 janvier 1822.

préserver, en posant en loi la libre circulation des journaux, comme la sauve-garde de l'État; et elle n'a pas cru que ce fût trop du public tout entier, dont les journaux sont les sentinelles, pour servir de contre-poids au pouvoir immense d'un ministère responsable (1).

 Concevoir le Gouvernement représentatif sans une opposition dans les Chambres, serait un non-sens. Sans opposition, les Chambres seraient inutiles ou dangereuses : or, que devient l'opposition avec l'asservissement des journaux (2)?

La restriction de la liberté des journaux est particulièrement propre à prolonger l'erreur du peuple et celle du Gouvernement (3) : d'ailleurs, n'a-t-on pas vu naguère queles journaux, tombés sous le joug du despotisme, étaient devenus des instrumens d'oppression et de servitude? C'est la meilleure preuve du danger de subjuguer les journaux (4).

---

(1) Le vicomte de Bonald : séance du 28 janvier 1817.

(2) M. Josse-Beauvoir, député de Loir-et-Cher, aujourd'hui maître des comptes : séance du 28 janvier 1817.

(3) M. Benoist, député de Maine-et-Loire, aujourd'hui directeur - général des contributions indirectes : 28 janvier 1817.

(4) M. Corbière, député d'Ille-et-Vilaine, aujourd'hui ministre de l'intérieur : 29 janvier 1817.

L'intérêt de la nation étant que les ministres soient éclairés, ils ne doivent pas fermer, eux-mêmes la seule voie par laquelle l'opinion véritablement générale peut arriver jusqu'à eux. Y a-t-il beaucoup à craindre des journaux, aujourd'hui qu'ils sont devenus presque la seule lecture des honnêtes gens, et que les écrivains les plus estimables ne dédaignent pas d'y travailler? Sans doute ils écrivent les uns et les autres dans des principes différens : c'est un malheur inévitable, et qui a sa source dans l'opinion des deux principes monarchique, et republicain du Gouvernement représentatif, que chacun, suivant son opinion, cherche à entraîner de son côté. Heureuse la nation, dans de telles circonstances, où ce combat n'a pour champ de bataille que les journaux! L'opposition armée n'a cessé en Angleterre que depuis qu'elle est devenue littéraire. L'opposition des journaux amuse les partis et trompe les haines. Une nation vive et spirituelle a besoin de cet aliment qu'entretient l'autorité elle-même ; lorsqu'elle donne ou permet l'éducation littéraire à un si grand nombre de jeunes gens ; et qu'on est heureux, à ce prix, de pouvoir contenter un peuple qui s'est contenté de tant de choses avec un bon mot et des chansons (1) !

Une opposition surveillante et censoriale est de l'essence du Gouvernement représentatif. Il serait injuste, je dirai même imprudent et impolitique, d'imposer silence à cette opposition dans les journaux (2).

Comment la liberté des opinions existerait-elle sans la liberté de la presse (3)? Pour que les opinions soient librement émises dans les Chambres, il faut qu'elles soient librement rapportées, discutées, commentées, attaquées et défendues dans les journaux (4).

Les journaux sont devenus, soit par la forme du Gouvernement représentatif, soit par l'empire de l'habitude, une sorte de besoin qui doit être satisfait (5).

Le droit étant dans la Charte, la suppression de ce droit est évidemment une suspension de la Charte (6).

---

(1) Le vicomte de Bonald : séance du 28 janvier 1817.

(2) Le vicomte de Martignac : 19 janvier 1822.

(3) Le vicomte de Castelbajac : 25 janvier 1817.

(4) Le comte de Villèle, député, aujourd'hui président du Conseil : 27 janvier 1817.

(5) Le vicomte de Martignac : 19 janvier 1822.

(6) Le vicomte de Castelbajac : 5 juillet 1821.

On s'est d'ailleurs, et plus qu'on ne pense, familiarisé avec les journaux, et ils ont même ce genre d'utilité que le dernier Gouvernement avait très-bien senti, qu'ils contentent à peu de frais les partis, qui ne se croient pas perdus tant qu'ils peuvent parler. C'est une illusion qu'il faut laisser aux craintes et aux espérances ; c'est une issue à des matières en fermentation, qu'il ne faut pas fermer ; et s'il y a de l'avantage à diriger secrètement et presque imperceptiblement les journaux vers un certain but, il y a peu et très-peu d'adresse à emboucher la trompette législative pour annoncer que désormais il ne s'imprimera rien que sous le bon plaisir de l'autorité. Depuis vingt-cinq ans nous avons été accoutumés à une liberté plus entière ou à une prohibition mieux déguisée (1).

La tribune est muette dans l'intervalle des sessions, et alors, si les journaux ne sont pas libres, d'où sortira la vérité (2)? Des ministres ambitieux et corrompus pourraient, sous un Roi sans volonté, et avec des Chambres sans énergie, enchaîner les libertés et fonder leur domina-

---

(1) Le vicomte de Bonald : séance du 28 janvier 1817.
(2) M. Barthe-la-Bastide : 25 janvier 1817.

tion sur le honteux asservissement des droits publics (1).

Si le ministre obtient le droit de donner ou de refuser arbitrairement l'autorisation aux journaux de paraître, il pourra la rendre onéreuse aux uns, la donner gratuitement aux autres, en favoriser quelques-uns, pour les mettre en mesure de se soutenir contre l'opinion ; il pourra user des moyens les plus contraires aux droits garantis à tous les Français par les articles 1 et 2 de la Charte (2). Or, que les représentans d'une nation, chargés de stipuler les droits et les garanties de la liberté civile et politique, confèrent, par une loi, à des hommes déjà armés du terrible droit d'emprisonner à volonté tout citoyen qui leur sera suspect, le droit plus étendu et plus dangereux d'étouffer toute pensée qui leur sera odieuse, et qu'ainsi les ministres, au droit qu'ils ont d'agir seuls, ajoutent le droit de parler tout seuls, c'est en vérité ce que tout législateur tremblerait d'accorder, même lorsqu'il croirait, comme citoyen, la mesure utile. Ne serait-ce

____

(1) M. Ravez : séance du 17 janvier 1817.
(2) Le comte de Villèle : 27 janvier 1817.

pas compromettre, par ce dangereux exemple, la sûreté générale et future de l'État, en voulant lui ménager une tranquillité locale et temporaire? Et ce Roi que la fable représente tenant tous les vents à ses ordres, pouvait exciter moins de tempêtes qu'un ministère investi de tout pouvoir sur les corps et sur les esprits (1).

Un seul exemple prouvera quel abus un ministre peut se permettre de ce pouvoir exorbitant. « J'ai tenu, dit un homme d'État (2),
» j'ai tenu dans mes mains, en 1815, l'épreuve
» d'un journal dans lequel la réponse faite au
» ministre par mon honorable collègue M. Cor-
» bière, comme rapporteur de la commission
» du budget, avait été effacée par le censeur
» dans la partie qui tendait à laver la Commis-
» sion d'une inculpation grave dirigée contre
» elle. »

Mais, dit-on, l'autorité surveille pour n'être pas obligée de punir. L'autorité devrait plutôt punir, même avec sévérité, pour n'être pas obligée de tant surveiller. La répression légale des journaux est préférable à la surveillance

____

(1) M. de Bonald : séance du 28 janvier 1817.
(2) Le comte de Villèle : 26 janvier 1817.

administrative. Ce système de surveillance est faux et dangereux quand on veut le substituer à l'action de la loi. La surveillance dégénère toujours en une guerre de ruse et d'adresse entre le surveillant et le surveillé, qui tourne rarement au profit de la société. L'administration, en général, doit laisser la rigueur à la justice, et ne se réserver que les bienfaits.

Il faudrait que la justice fît la police, et non que la police fît la police. Un magistrat inspire plus de confiance que des commis... La police met à l'individu les fers aux pieds et aux mains; la justice trace autour de lui un cercle qu'elle lui défend de franchir. L'homme n'est pas libre sous l'action de la police, il est libre sous l'action de la loi; et la liberté est assurée tant que la justice est satisfaite (1).

Supprimer un journal, c'est ruiner le propriétaire; et cependant on se joue avec une cruelle indifférence de cette propriété. Le propriétaire est ruiné, sans même qu'on puisse lui imputer le plus souvent une faute réelle (2).

Les nombreux lecteurs du journal supprimé, privés tout à coup de leur aliment accoutumé,

---

(1) Le vicomte de Bonald : séance du 28 janvier 1817.
(2) M. Corbière, 29 janvier 1817.

supposent qu'il a fallu leur dissimuler un événement terrible ou une situation effrayante, ou bien ils devinent qu'il ne s'agit que de ces petites alarmes moins générales, qu'un article de journal peut donner quelquefois involontairement à une police trop ombrageuse sur ses intérêts, et alors chaque abonné se croit personnellement blessé dans son droit ; et dans les plaintes qu'il exhale, on dirait quelquefois qu'il refait à sa manière le fatal article. Toutes ces mesures d'une inspection inquiète, ces vieilles routines de la police, attaquent directement les droits de la propriété privée (1).

La liberté de la presse est toute dans l'intérêt de la France (2). A une époque où les connaissances littéraires étaient bien moins répandues, la satire Ménippée valut, pour Henri IV, plus que le gain d'une bataille (3). Plus tard, dans le cours de la révolution, toutes les fois que cette liberté a existé, il y a eu secours et force apportés à l'opinion monarchique. Les révolutionnaires n'ont trouvé le moyen d'arrêter l'action de cette opinion qu'en

---

(1) M. Corbière : séance du 29 janvier 1817.
(2) M. Castelbajac, 22 janvier 1822.
(3) M. de Bonald, 28 janvier 1817.

étouffant la liberté de la presse. On peut se rappeler les succès de Malet du Pan ; et cependant dans quel état de vertige n'était pas alors la France (1) ? On doit aux journaux, et plus qu'on ne pense, ce qui s'est conservé en France de saines doctrines politiques, religieuses, morales, philosophiques, littéraires. En général, il ne faut pas trop croire à la puissance du mal, qui n'est fort que de la faiblesse humaine ; et beaucoup, au contraire, à la puissance du bien, qui communique, quand on ne le repousse pas, la force irrésistible de l'ordre et de la vérité.

Il est digne de remarque que tous les journaux employés à grands frais par tous les Gouvernemens qui se sont succédés, n'ont pu, malgré leur influence, en soutenir aucun ; et que les journaux opposés, que la tyrannie a contrariés, tantôt à force ouverte, tantôt plus sérieusement, ont vu, ont fait à la fois triompher la cause qu'ils ont constamment défendue...

Les gens les plus distingués dans les lettres n'ont pas dédaigné d'écrire dans les journaux, et y ont défendu avec courage les principes

______

(1) M. de Castelbajac : séance du 22 janvier 1822.

conservateurs des sociétés... Dès-lors , une succession non interrompue de journaux amis de l'ordre a entretenu le feu sacré ; ils l'ont entretenu par ce qu'ils disaient, et même par ce qu'ils ne disaient pas, lorsque, forcés de se taire, ou même de parler, ils laissaient apercevoir leurs opinions particulières sous la transparence des opinions commandées. C'est cette opposition constante qui a conservé toutes les bonnes doctrines qui ont à la fois prévalu : car il faut remarquer, à l'honneur de l'esprit national , que ces journaux sont les seuls qui aient joui d'une vogue constante, tandis que les autres n'ont pu se soutenir même avec les secours du Gouvernement ; en sorte que l'on peut dire que le public a fait ces journaux , plus encore que les journaux n'ont formé le public, *parce que les journaux expriment l'opinion et ne la font pas.* Réflexion juste et profonde de M. de Brigode, et qui suffirait à décider la question (1).

Enfin , les avantages de la liberté de la presse ont été établis par plusieurs publicistes. Montesquieu , dont l'autorité est révérée à juste

(1) M. de Bonald : séance du 28 janvier 1817.

titre, dit que, pour jouir de la liberté, il faut que chacun puisse dire ce qu'il pense, et que, pour la conserver, il faut encore que chacun puisse dire ce qu'il pense (1).

----

(1) M. de Castelbajac : séanee du 25 janvier 1817.

FIN.

www.ingramcontent.com/pod-product-compliance
Lightning Source LLC
LaVergne TN
LVHW050335030726
842520LV00005B/1927